Petit Pan
La couleur en liberté

INTRODUCTION

Petit Pan, c'est un univers enchanteur né de la rencontre entre Pan, un cerf-voliste, véritable magicien des airs et Myriam, une artiste aux doigts de fée.
Installés à Paris depuis 2002, ils nourrissent leur quotidien d'un concentré de rêves, de couleurs et de liberté.
Leur créativité s'applique à toutes sortes d'objets: des édredons, des tissus imprimés, des toiles cirées, des lampions féeriques, des canapés confortables, des chemises pour hommes, des vêtements pour enfant, des sacs et des accessoires, des carreaux en ciment, des papiers peints, des cahiers, des petits lits pliables, …
Aujourd'hui, Petit Pan est un monde à part entière. Plusieurs boutiques à Paris, une à Toulouse, et une en Belgique confirment le succès de ces rêveurs devenus par la force des choses des entrepreneurs.
Si vous aimez les couleurs et les imprimés joyeux, vous allez être comblés !

プチパンの魅力的な世界は、カイトを使って風をあやつる魔術師のようなパンと、ハンドメイド作家のミリアム、ふたりの出会いから生まれました。
2002年からパリを拠点に、ふたりの夢と色と自由な感性を集めて、毎日を豊かなものにしていきました。そんなふたりのクリエーションは、さまざまな種類のオブジェにあらわれています。カバーリング、プリント生地、オイルコーティングの布、夢のあるランプ、座り心地のよいソファー、メンズ・シャツ、子ども服、バッグやアクセサリー、セメントのタイル、壁紙、ノート、折りたたみ式の小さなベッドなど……どれも暮らしを楽しくするものたちばかり。
こうして、いまではプチパンだけで、ひとつの世界が表現できるようになりました。パリにある、いくつかのショップ、そしてトゥールーズとベルギーにオープンしたお店を見ると、夢みるふたりの成功を知ることができることでしょう。
もしも、あなたが色やハッピーなプリントがお好きなら、プチパンの世界も、きっと楽しめるはずです！

Enchantés! Nous sommes Petit Pan
はじめまして！私たちがプチパンです

Je suis Pan.

僕がパンです。山東省から少し離れた濰坊市で、代々カイトを作っている家族の出身です。ミリアムと出会って、プチパンをはじめる前には、世界中のフェスティバルで、カイトを飛ばしていました。そして、いまもやっぱりカイトと、それからプチパンの会社を操っています。

Je viens d'une famille qui fabrique des cerfs-volants de père en fils, à Weifang, quelque part dans la province du Shandong.
Avant Petit Pan, je faisais voler des cerfs-volants sur des festivals du monde entier.
Aujourd'hui je dirige les cerfs-volants et … la société Petit Pan.

Je suis Myriam.

私がミリアムよ。プチパンの前には、子ども向けのビジュアルアート教室を開いていました。そしていまは毎日が楽しくなるような色やプリントたちがきらめく世界を、自由に生み出しています。新しいものを作るときに大切にしているのは、作ることのよろこびと、そのアイテムが子どもや大人たちにしあわせをもたらしてくれることです。

Avant Petit Pan, j'avais un atelier d'arts plastiques pour les enfants. Aujourd'hui j'invente librement un monde pétillant de couleurs et de motifs pour illuminer le quotidien. Quand je crée une nouvelle forme, ce qui m'importe le plus, c'est le plaisir de la création ainsi que l'étincelle de bonheur qu'elle procure à l'enfant ou à l'adulte.

CONTENTS

Dans la Maison
プチバンのおうちインテリア ……………………………… 10

Entrée et Escalier 玄関と階段 ………………………… 12

J'aime! Lustre à Pampilles 手作りペンダントシャンデリア ……… 14

Cuisine キッチン ……………………………………… 18

Salon リビングルーム ………………………………… 26

Chambre des Parents ベッドルーム ………………… 34

Chambre d'Enfant 1 子ども部屋1 …………………… 36

J'aime! Un Bureau et Un Mur カラフルなデスクと壁面 …… 40

Chambre d'Enfant 2 子ども部屋2 …………………… 44

Dressing des Enfants 子どもたちのためのクローゼット ……… 48

Bureau 仕事スペース …………………………………… 50
Salle de Bain バスルーム …………………………… 56
Atelier à la Maison おうちアトリエ ………………… 58

Les Boutiques Petit Pan
プチパンのブティック ………………………………… 62

Mercerie Petit Pan
メルスリー・プチパン ………………………………… 66
Atelier アトリエ ……………………………………… 68
J'aime! Accrochage au Plafond 天井に吊るそう …… 72

Dans la Maison
プチパンのおうちインテリア

私たちの家は、3階建てになっています。
最初にこの家に訪れたときは、シンプルなところや、アトリエの雰囲気、以前の住人が残していった昔の痕跡が気に入りました。
リノベーションをするとき、私たちはドアを取り外したり、窓を加えたりして、光がたくさん入るようにしました。

Notre espace s'articule autour de trois étages.
Quand nous avons visité la maison pour la première fois, nous avons été charmés par son côté simple, ses allures d'atelier et par les traces de l'ancien.
Lors de sa rénovation, nous avons décloisonné, enlevé des portes et ajouté des fenêtres pour tout éclaircir.

Entrée et Escalier
玄関と階段

玄関は、毎日使うもののための場所。帽子、子どもたちの通学バッグ、マルシェへ買い物に行くためのカート、犬のリード、テニスラケット、レインブーツなど……。
そして、150歳になる木製の階段が、この家の大事な部分です。
楽しい気分で家の中へと迎え入れることができるように、階段のけあげの部分に、さまざまなプリントの壁紙を貼りました。

L'entrée est réservée aux accessoires de la vie quotidienne : les chapeaux, les cartables, le caddie du marché, la laisse du chien, les raquettes, les bottes de pluie…
La maison est dynamisée par un bel escalier en bois âgé de 150 ans.
Pour rendre son passage accueillant et festif, nous avons tapissé ses contremarches.

J'aime!
これいいね!

Lustre à Pampilles
手づくりペンダントシャンデリア

階段ホールの天井高を素敵に見せるために、最上階の天井に大きなシャンデリアをつけることにしました。
私たちのお隣にアトリエを構えるデザイナーのツェツェによる作品「銀色の傘」をリメイク。まずは傘を骨組みだけにして、ちゃんと電気も通るようにしました。
それから、ガラスビーズを通した長いひもで輪郭を作って、「プチパン・メルスリー」コレクションのシルクペーパーを使った鳥や星、お花に昆虫、そしてスプーンなどのオーナメントで飾り付け。お祝いの日には、灯りをともしています。

Au dernier étage, pour accentuer la hauteur de la cage d'escalier, nous avons imaginé un lustre géant.
Nous l'avons réalisé à partir du "parapluie argenté" de nos voisines designers, les Tsé-Tsé. Nous l'avons d'abord « déshabillé » puis électrifié.
De longs fils de petites perles en verre dessinent les contours de la suspension. Des oiseaux, des étoiles, des fleurs, des insectes et même des cuillères en papier de soie de la mercerie Petit Pan viennent agrémenter ce lustre que nous allumons les jours de fête.

/ Bienvenue à la maison de Petit Pan \
プチパンの家へようこそ

Des lampions animaux sont accrochés comme les trophées d'une drôle de chasse. A la tombée du jour, ils diffusent un éclairage tamisé très chaleureux.
動物のランタンを、ゆかいなハンティングの戦利品のように壁にかけています。日が暮れるころには、あたたかくやわらかな光をどもします。

Les oiseaux d'Emile occupent une place de choix ; ils logent dans une niche peinte en rose. C'est un petit coin tranquille.
エミールがお世話をしている鳥たちのための特別な場所。彼らの居場所は、ピンクに塗られたこのくぼみ。そこは、おだやかで小さなコーナーです。

Cuisine

キッチン

キッチンは、私たちの家の中でも、いちばんくつろげる場所。

私たち家族の中に、特定のシェフはいません。みんなお料理ができます！

子どもたちも小さなころから、お料理するのが大好き。

シンク前の窓は、大きなスクリーンを囲む額縁のようなもので、季節や気分にあわせて、色を変えて楽しんでいます。

La cuisine est le foyer de notre maison par excellence.

Chez nous, il n'y a pas un cuisinier attitré. Tout le monde peut cuisiner !

Depuis qu'ils sont petits, nos enfants aiment faire des recettes.

L'encadrement au dessus de l'évier est comme un grand écran dont nous changeons la couleur au gré des saisons ou de nos humeurs.

Tous les rangements sont ouverts pour trouver très vite le plat ou l'ustensile adapté.
使いたいお皿や道具がすぐに出せるように、オープンな収納にしています。

Le meuble de tri postal a été reconverti en vaisselier.
J'aime avoir sous les yeux ma collection de vaisselle et de vases colorés.
左ページ：郵便局で使われていた仕分け用の棚を、食器棚に変身させました。私がコレクションしているカラフルな食器や花器を一堂に集めて、眺められるようにしておくのが気に入っています。

Petite étagère théâtre accueillant des saynètes aux décors changeants.
小さな棚は、飾るものたちによって、まるでお芝居のように違う雰囲気で楽しませて
くれます。

La grande cage blanche abrite une famille de mandarins ;
les cinq bébés mandarins sont tous nés à la maison !
大きな白い鳥かごは、キンカチョウたち家族の住まい。ここで、5羽
のひな鳥が生まれたんですよ！

Salon

リビングルーム

リビングは、まるでプレイルーム、はたまた色の研究所か、あるいはアトリエのよう……。でもどんなときでも、ここは暮らしのための空間で、そのときどきに変化していきます。読書をしたり、遊んだり、ブリコラージュしたり、だれかと一緒にゆっくり過ごしたり、家族みんなが、それぞれの場所を見つけることができるのです。

Le salon ressemble à une salle de jeux, à un laboratoire de couleurs, à un atelier… En tout cas, c'est une pièce à vivre qui change tout le temps et où chacun peut trouver sa place pour lire, jouer, bricoler ou s'installer tranquillement en compagnie des autres.

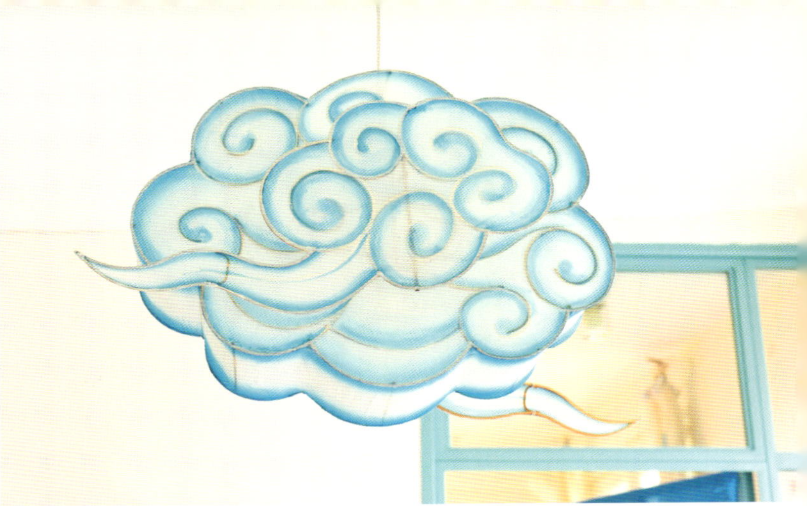

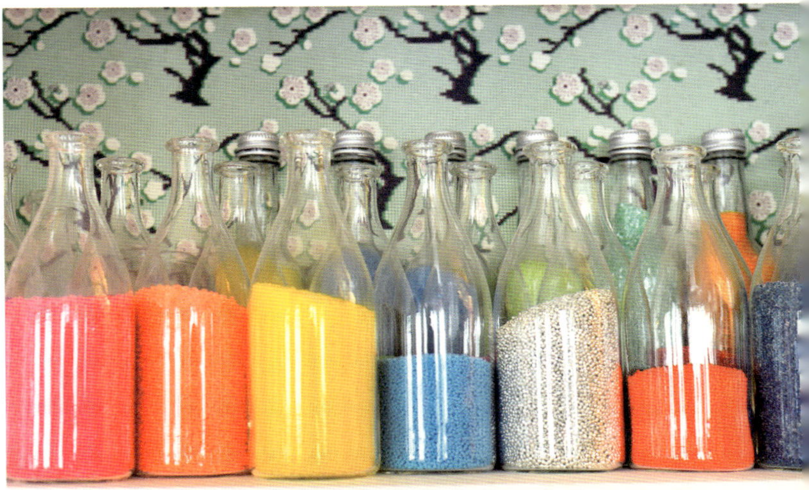

Taille-crayon
Gommes
tissu
Effaceurs
Feutres Velleda
tissu
JOLIS PAPIERS
artes postales
Petit Pan
PETITES FEUILLES DE BROUILLON

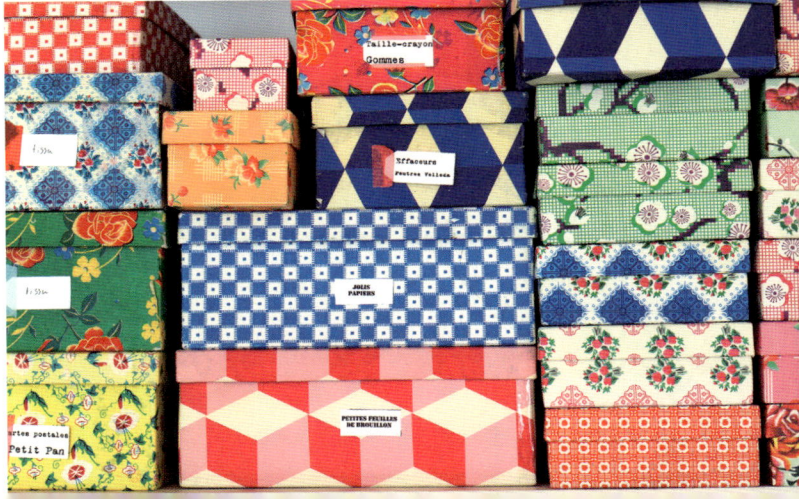

L'aménagement du salon est simple : trois canapés confortables, deux tables nomades et une grande étagère murale.
リビングのレイアウトはシンプルです。3台のソファーベッドと、2台のすぐに動かせるテーブル、そして壁面には大きな収納棚。

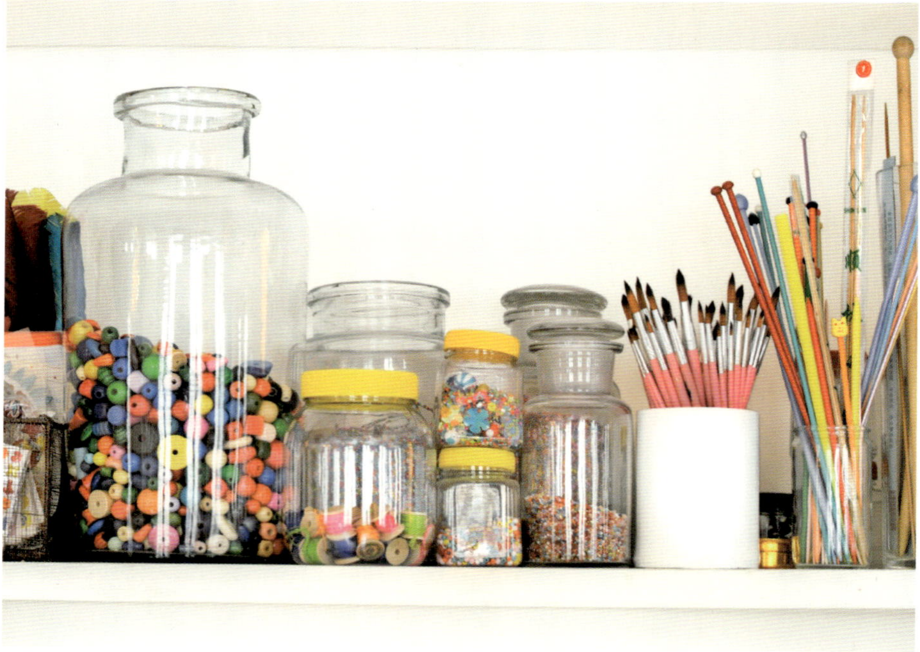

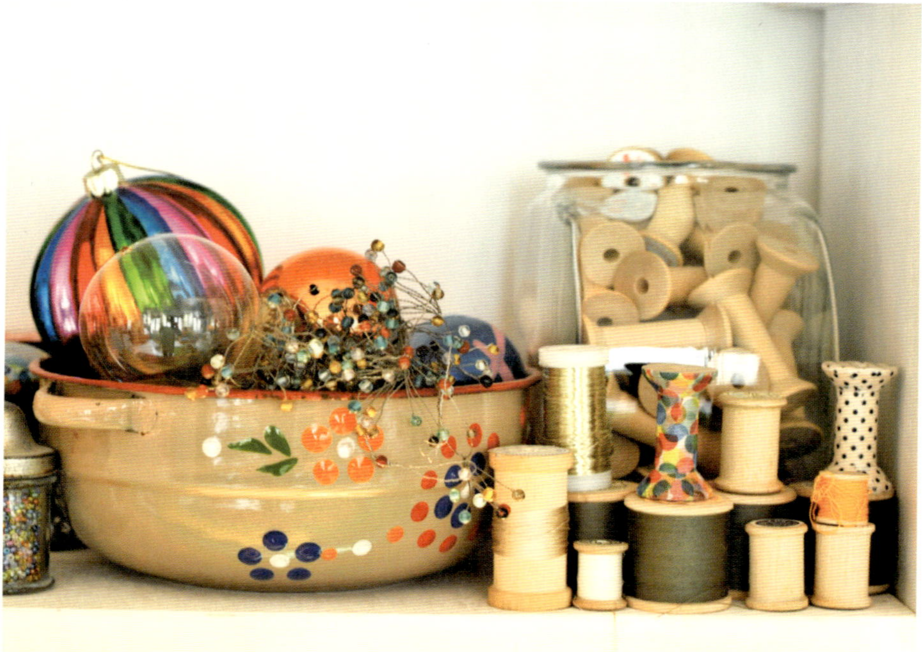

L'étagère regorge de fournitures que chacun utilise à sa guise.
みんなが自由に使えるように、お裁縫道具や材料が棚にはいっぱいです。

Etude de décors pour nos carreaux en ciment. Motifs et couleurs s'accordent entre eux pour composer de formidables patchworks.
セメントタイルのデザインに取り組んでいるところ。モチーフと色が組みあわされると、すばらしいパッチワークを織りなします。

Petit coin atelier avec un panneau d'affichage pour les idées en cours et les essais de couleurs.
リビングのアトリエコーナーには、最近のアイデアやテストした色のためのピンナップボードがあります。

Chambre des Parents
ベッドルーム

キャンピングカーのように、小さなベッドルーム。そう、本物のコクーンのような空間です。花柄のカバーリングとカラフルなクッションたちは、ベッドに気持ちよく横になる、よろこびへの招待状。
子どもたちのお絵かきや心あたたまるメッセージを、枕の上に飾って、おまもりにしています。

C'est une toute petite chambre à l'esprit roulotte. Un vrai cocon.
Le linge de lit fleuri et les coussins colorés sont une invitation au plaisir de se blottir dans son lit.
Les dessins de mes enfants et leurs gentils messages sont collés au dessus de mon oreiller, tels des porte-bonheur.

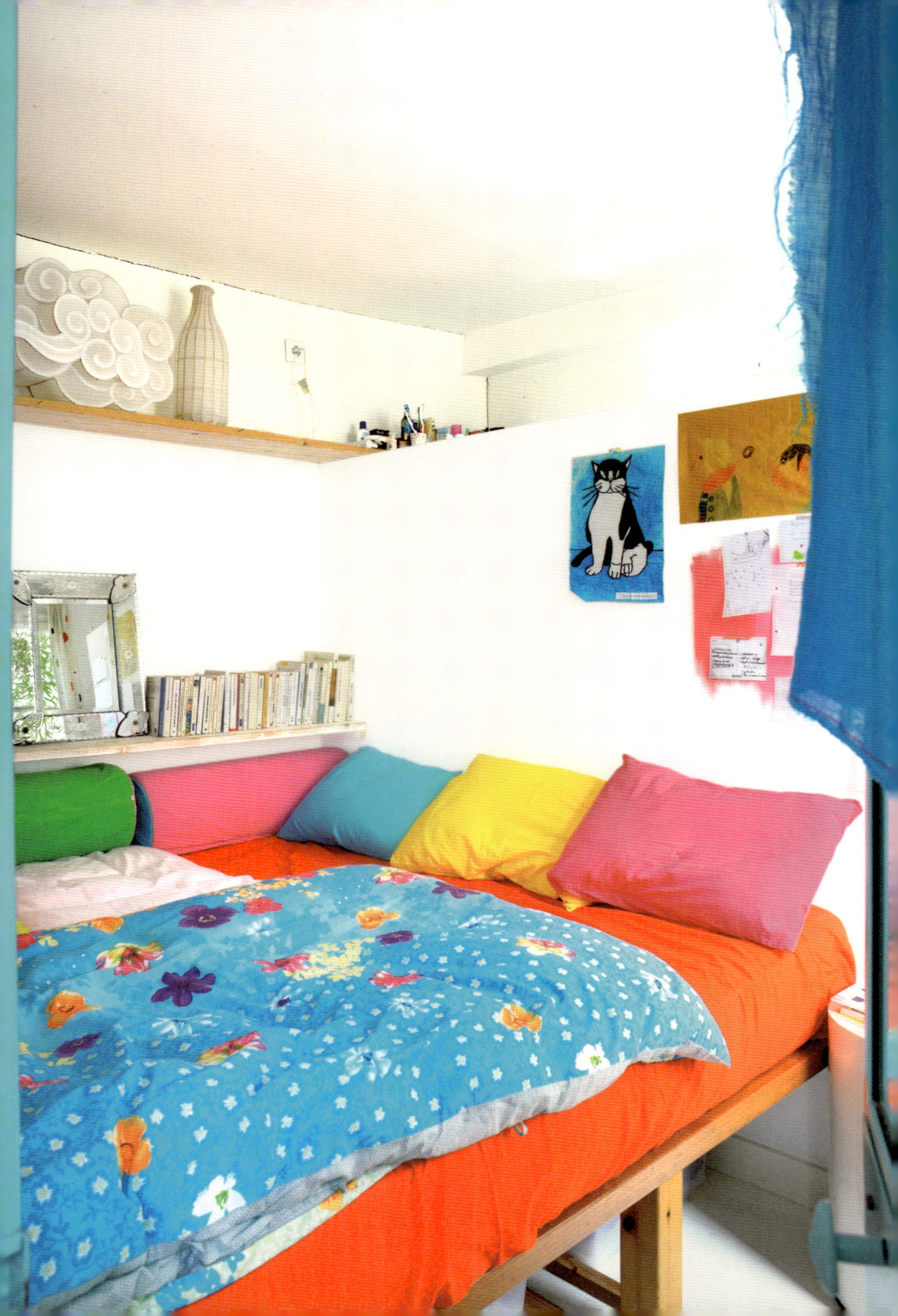

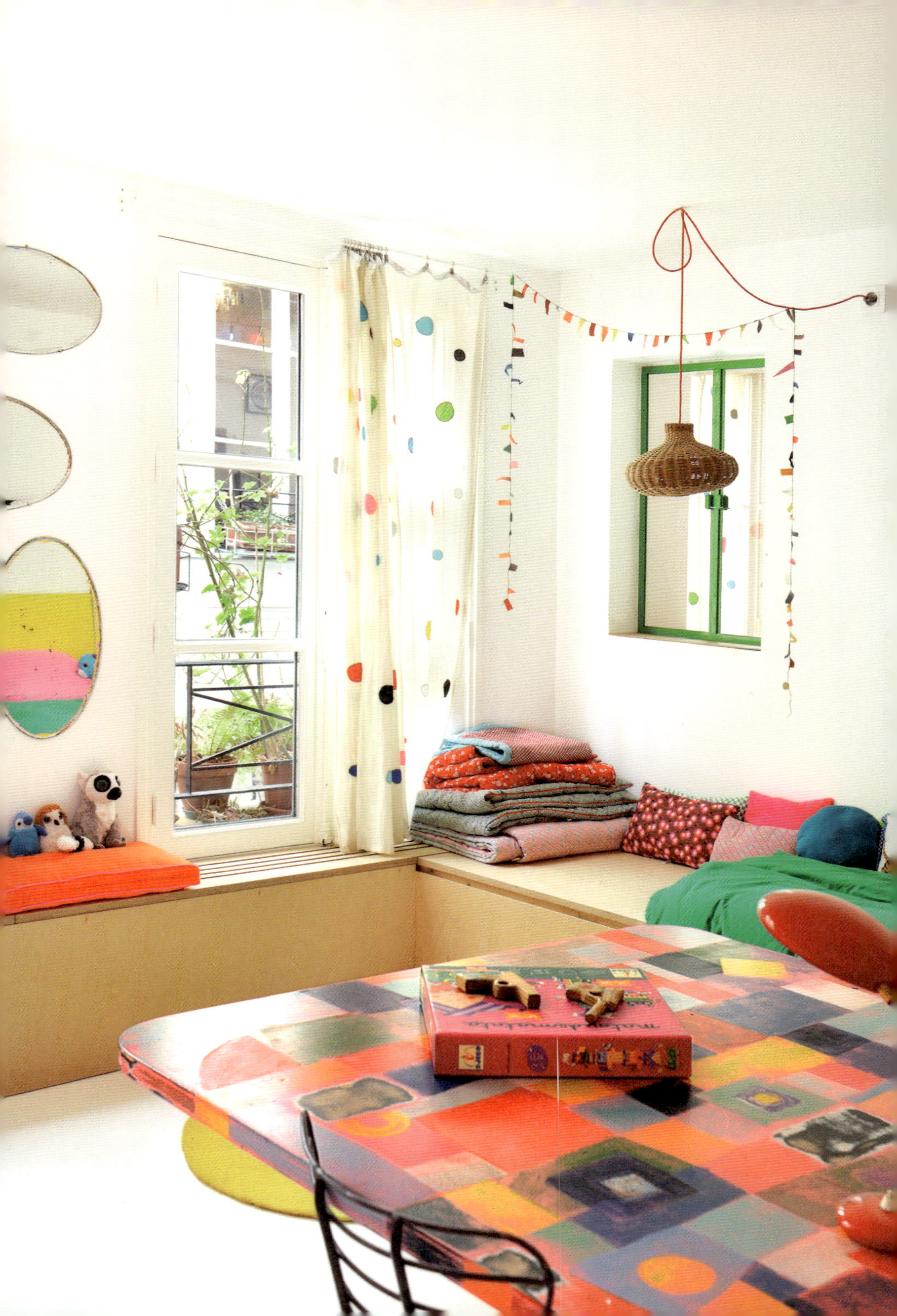

Chambre d'Enfant 1

子ども部屋1

テオとパブロの部屋は、いつでもそれぞれの部屋が持てるように作りました。でもいまはまだ、ふたりは一緒に過ごすほうが好きなようです。
変装をしたり、スパイごっこをしたり、一緒にかけ算の表を暗記したりして楽しんでいます。

L'espace de Théo et Pablo était initialement prévu pour qu'ils aient chacun leur chambre mais pour le moment, ils préfèrent que l'on ne fasse pas de séparation.
Cela les amuse encore de se déguiser, de jouer aux agents secrets ou même de revoir leurs tables de multiplication ensemble.

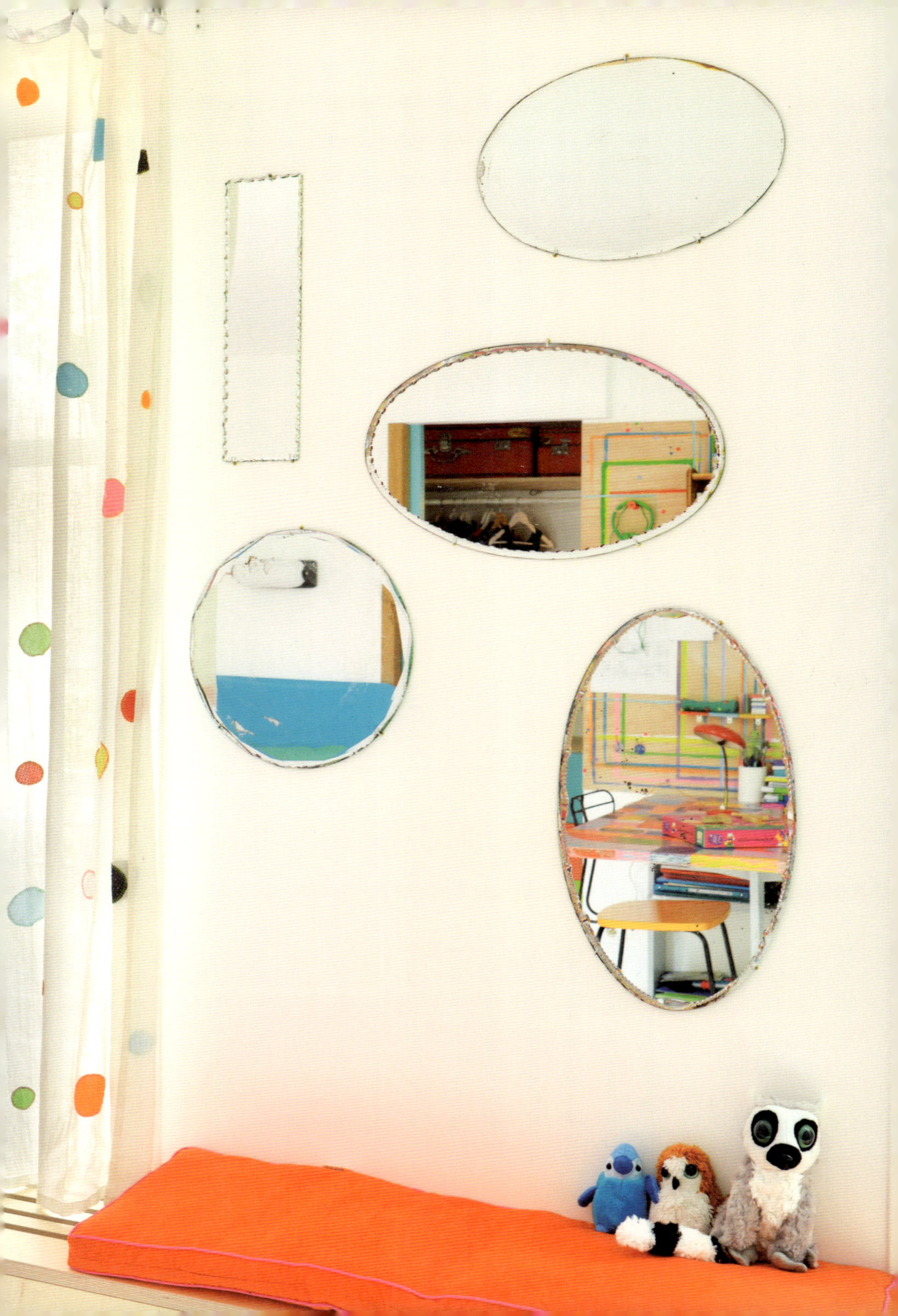

Pendant les vacances, cela m'arrive souvent de faire un peu de couture.
C'est une activité très reposante. Réalisé dans un léger voile de coton et
rehaussé de pastilles multicolores, ce rideau diffuse une lumière toute douce.
バカンスのあいだ、よくお裁縫をします。とてもリラックスできるひとときです。薄手の
コットンのベールをマルチカラーの円で美しく飾った、このカーテンは、光をすべてやわ
らかくしてくれます。

Vite, un dernier coup d'œil dans les miroirs pour vérifier sa dégaine.
早く早く、出かける前に、鏡を見て身だしなみをチェック。

> J'aime!
> これいいね！

Un Bureau et Un Mur
カラフルなデスクと壁面

色を楽しみたいときは、どうする？マルチカラーのパッチワークを描いてみましょう！子どもたちの勉強机をペイントするときに、頭に浮かんだのは、色とりどりの小さな四角が並んだパウル・クレーの絵画のこと。なめらかすぎる部分には、サンドペーパーをかけました。

子どもたちとワークショップをしたあとに、壁に残ったペイントのあとが、私のお気に入り。そのパネルを再利用して、おうちの中の小さなアトリエコーナーにしています。

Quand on a un faible pour les couleurs, que fait-on ? Un patchwork multicolore, pardi ! Pour peindre la table de travail des enfants, j'ai repensé à un tableau de Paul Klee, éclaboussé de petites fenêtres colorées. J'ai poncé par endroits pour gommer le côté trop lisse.

J'adore les traces de peinture qui restent sur les murs après mes séances d'atelier avec les enfants. Je réutilise ces panneaux pour recréer ça et là des petites zones de travail dans la maison.

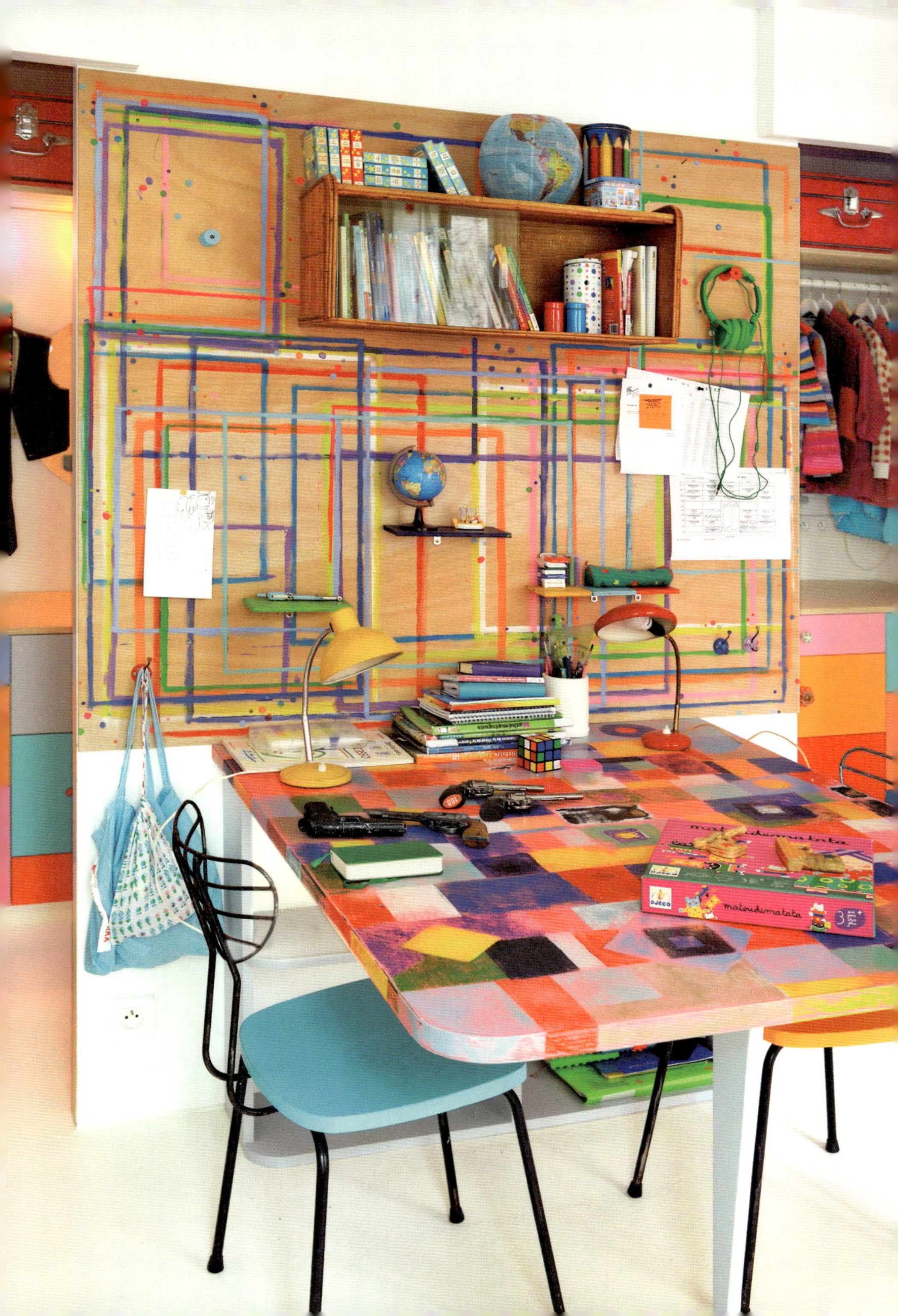
DJECO
matoudematata

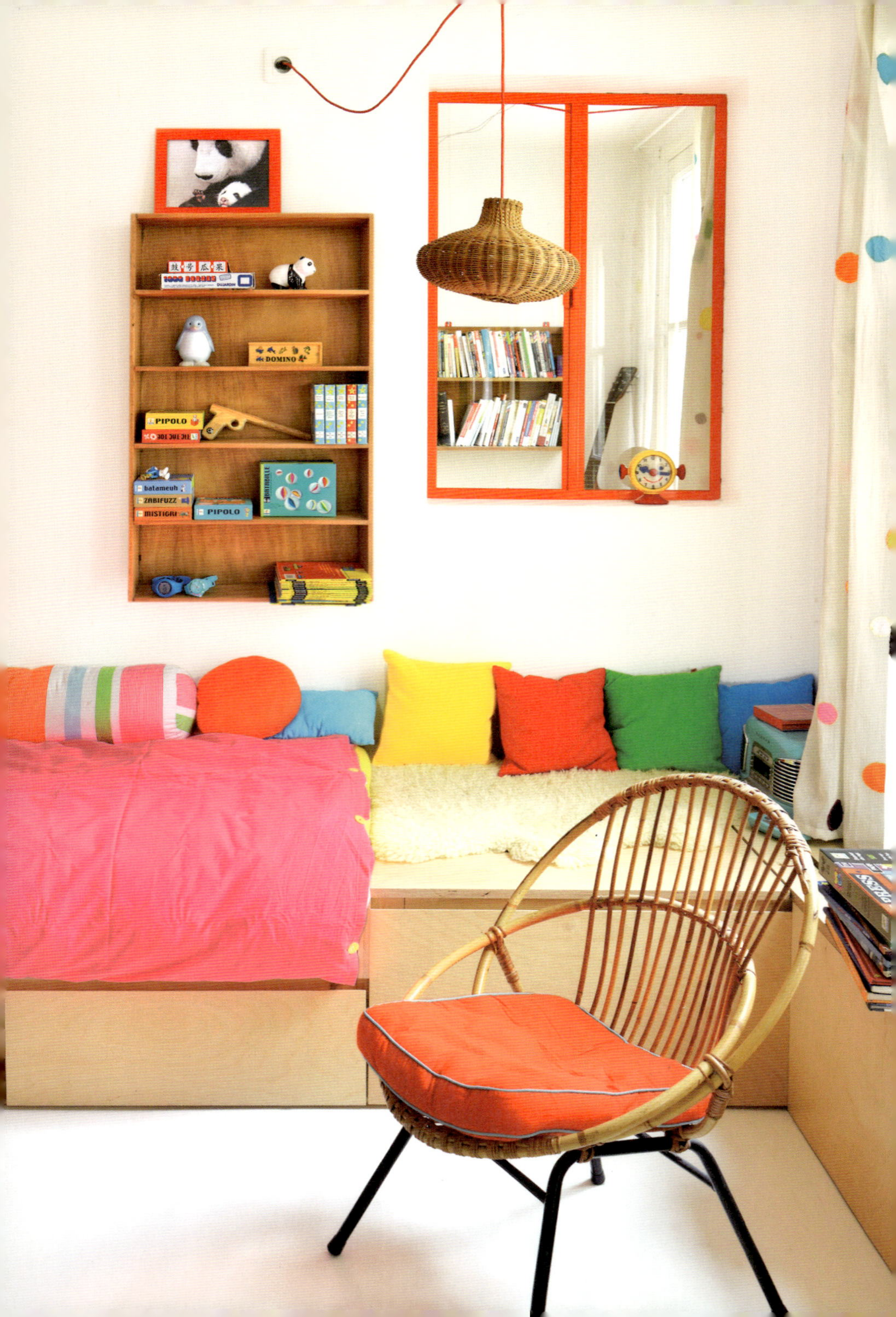
DOMINO
PIPOLO
batameuh
ZABIFUZZ
MISTIGRI
PIPOLO

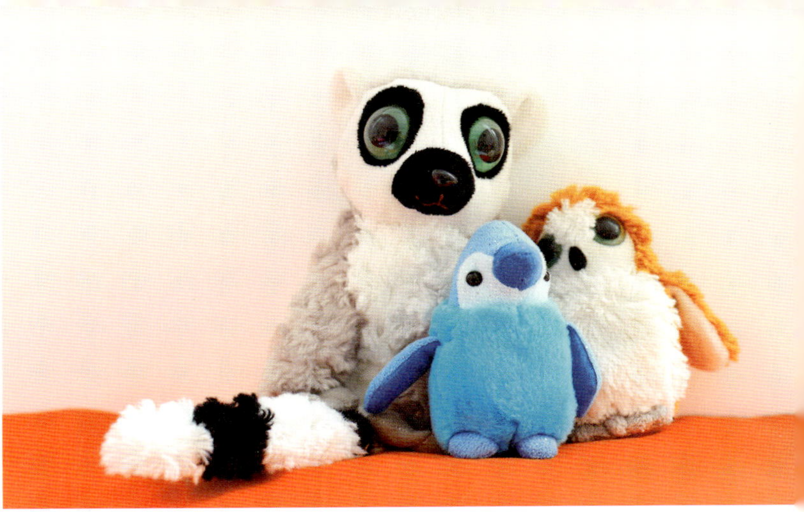

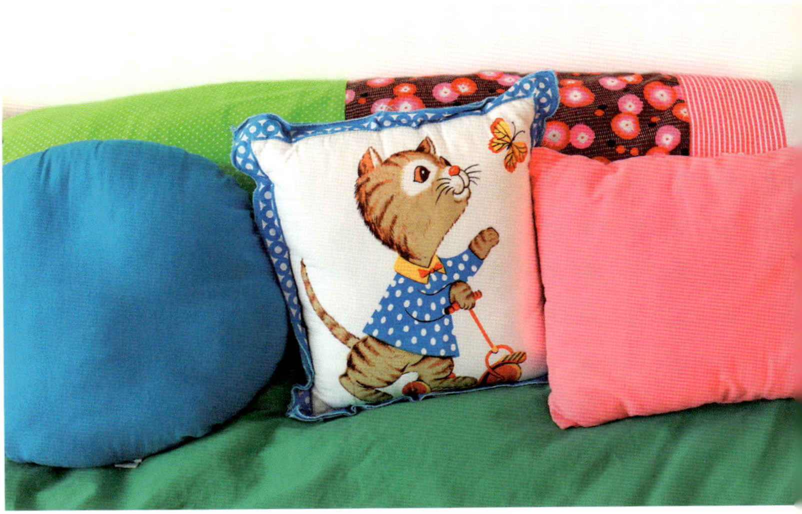

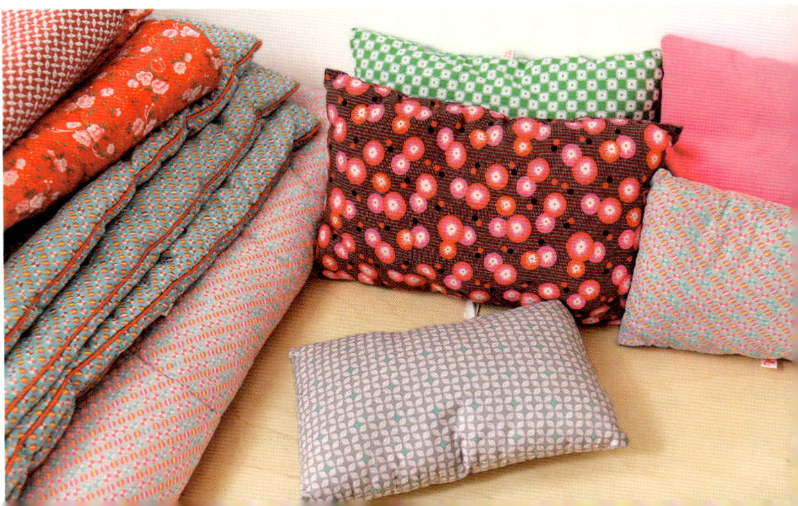

Chambre d'Enfant 2
子ども部屋2

エミールの部屋は、まるで船のキャビンのよう。
ベッドの下に隠れている引き出しは、変身用のコスチュームや小物でいっぱいです。

La chambre d'Emile est comme une cabine de bateau.
Les coffres dissimulés sous son lit sont remplis d'accessoires et de déguisements.

THE BEATLES
Yellow Submarine
Join The Beatles For The Trip Of A Lifetime!
THE BEATLES
YELLOW SUBMARINE

EMILE

La fenêtre, peinte dans sa couleur préférée, donne sur la chambre de ses deux frères.
左ページ：窓のフレームは、エミールの好きな色でペイント。窓の向こうは、弟たちふたりの部屋です。

Dressing des Enfants

子どもたちのためのクローゼット

子どもたちのための部屋の間取りを変えるときに、私たちは時間をかけて、じっくり考えました。
シンプルで、リラックスできる部屋にしたかったのです。
そこで、洋服のクローゼットやおもちゃ棚などの収納は、ベッドルームの外にレイアウトすることにしました。

Nous avons réfléchi longuement quand nous avons refait les plans de l'étage des enfants.
Nous voulions que leur chambre soit dépouillée et apaisante.
Les rangements, comme le dressing ou les étagères de jeux, ont été aménagées à l'extérieur de leur chambre.

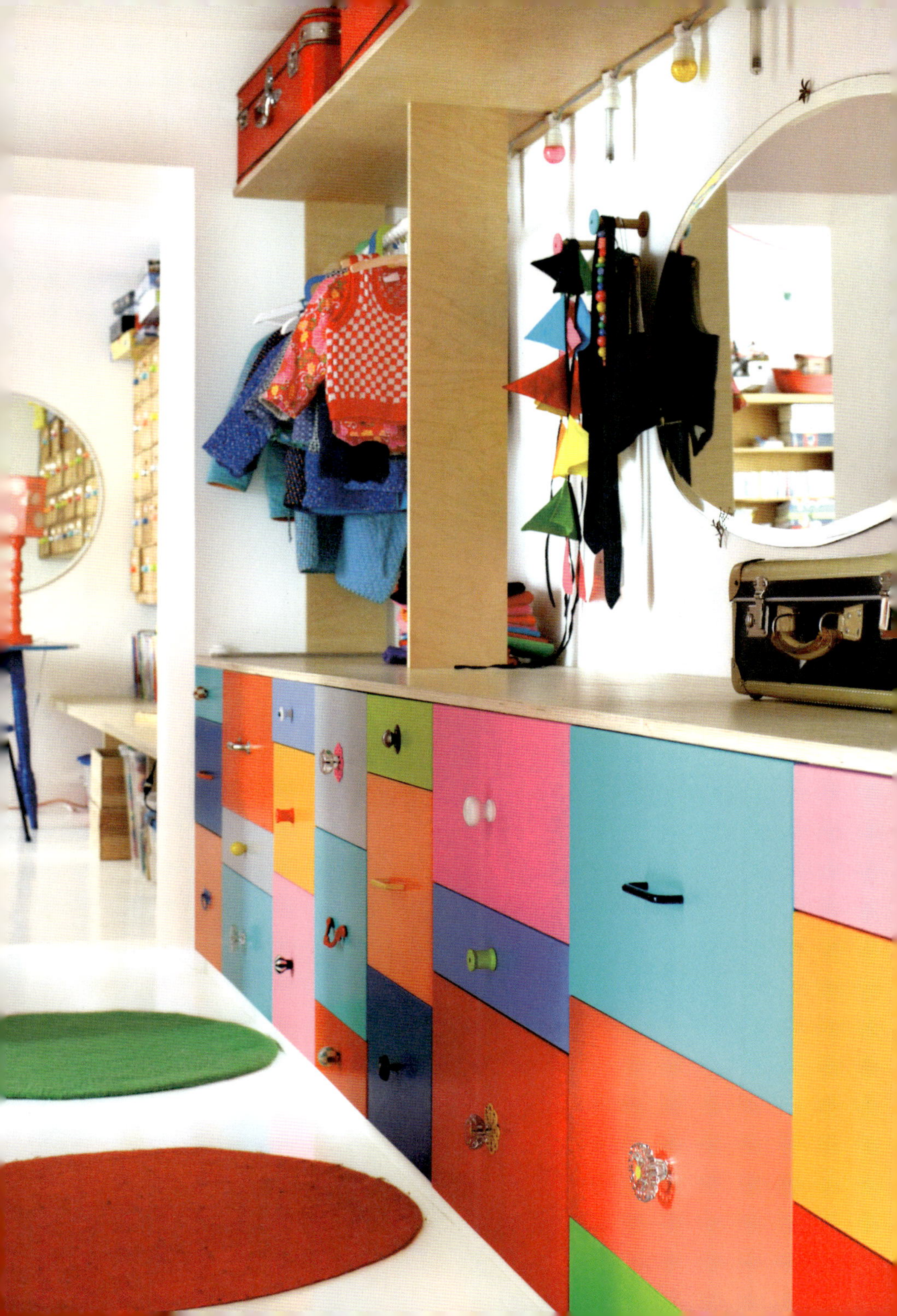

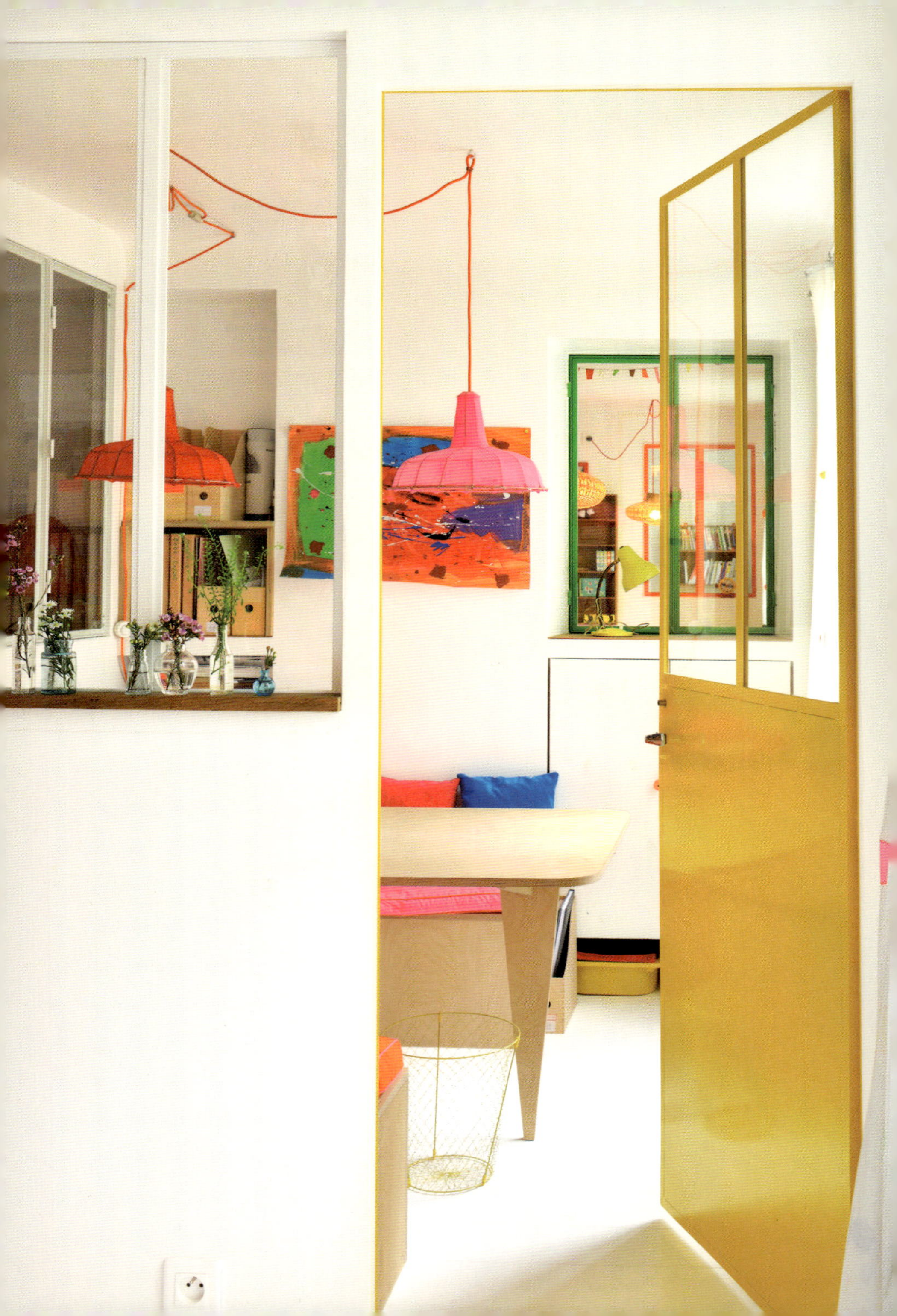

Bureau

仕事スペース

「いちばん満足いく結果は、自分自身でやること」パンはずっと前から仕事スペースが必要だと思っていました。そこで、パンは自分でデザインし、私も少しだけ希望を加えました。いまでは、とてもご機嫌で心地のいい仕事場を持っています。

« On n'est jamais aussi bien servi que par soi-même ». Pan avait besoin d'un bureau depuis longtemps. Alors, il l'a dessiné lui-même et moi j'y ai ajouté ma touche. Il a maintenant un chouette bureau cosy.

Les pièces du 1er étage sont disposées en enfilade et communiquent entre elles par une série de fenêtres peintes en vert menthe, jaune citron ou orange grenadine.
右ページ：2階にある部屋は一列に並んでいて、ミントグリーン、レモンイエロー、赤みのあるオレンジ色にフレームをペイントした、窓でつながっています。

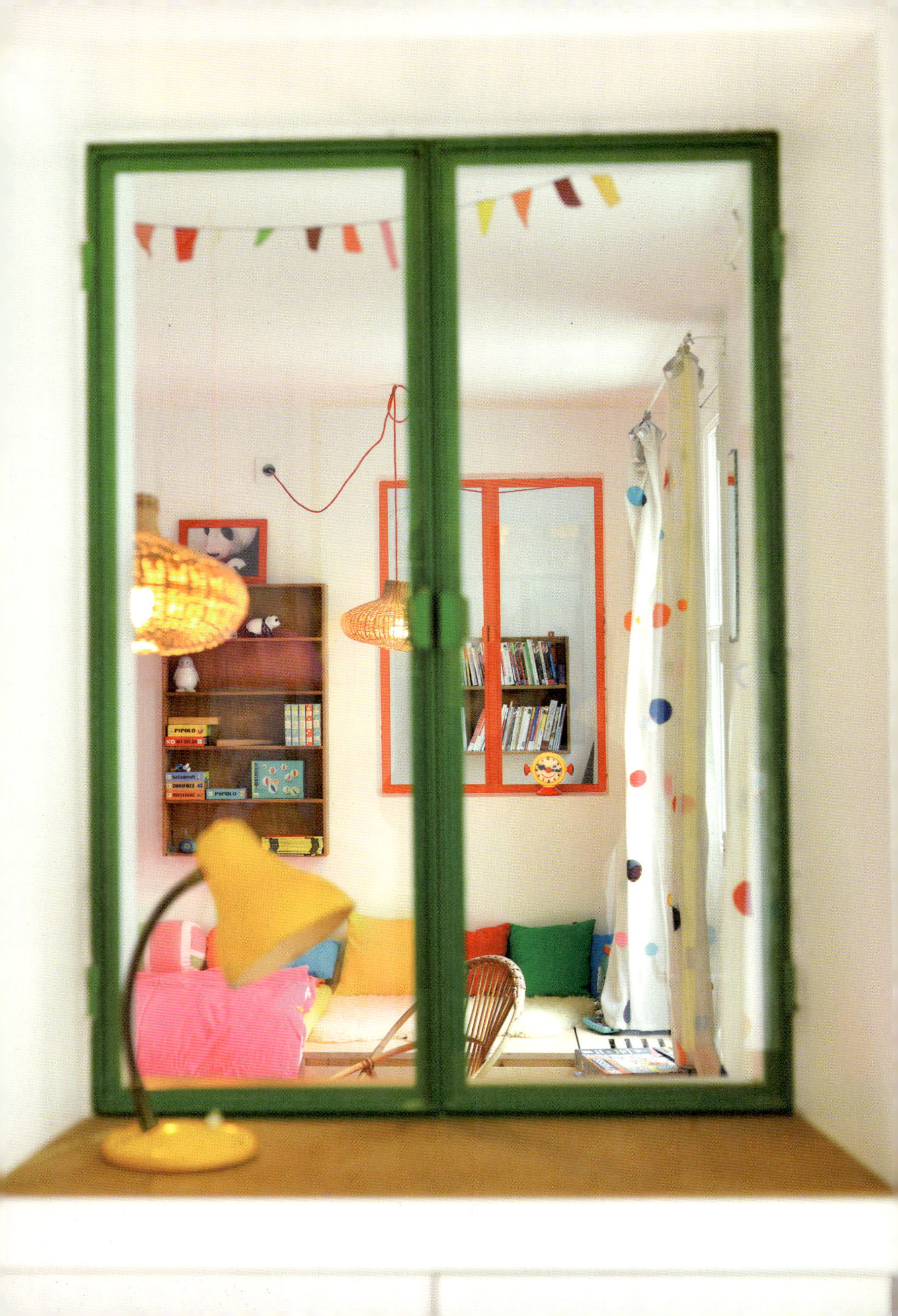
PIPOLO
PIPOLO

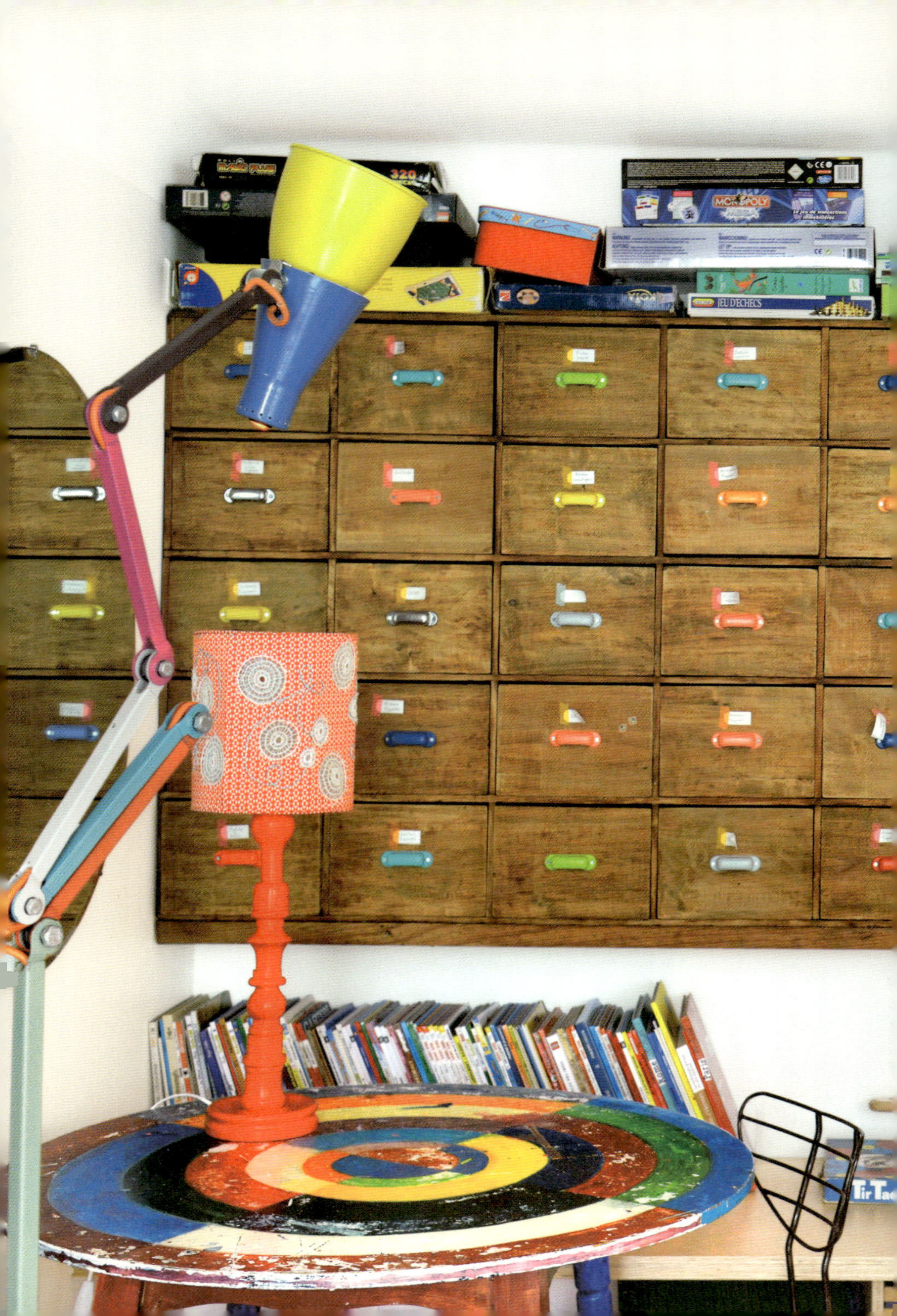
MONOPOLY
JEU D'ECHECS

Cet ex-meuble de grainetier a refait sa vie avec des milliers de pièces Lego, des jeux de cartes, des liasses de faux dollars et une collection de pistolets.
豆屋さんで使われていた収納棚は、たくさんのレゴブロックに、カードゲーム、おもちゃのドル札の束、ピストルのコレクションとともに、新しい暮らしを送っています。

Salle de Bain
バスルーム

壁面を天井まですべてタイル貼りにした、子どもたちのためのバスルームは、お掃除も楽で、使い勝手もよくなりました。
バスルームも含めて、このフロアのお部屋では、劇場のロッジのような電球の照明がついています。

Carrelée des murs au plafond, la salle de bain des enfants peut enfin devenir une pièce facile à vivre et … à entretenir.
Toutes les pièces de l'étage, y compris la salle de bain, sont éclairées par des rampes d'ampoules comme dans les loges de théâtre.

Même les serviettes de bain ont pris un bain de couleurs !
バスタオルだって、バスルームに色を添えてくれます！

Atelier à la Maison

おうちアトリエ

1階にある、この小さなアトリエは、家の中でひと息つける場所。
子どもたちは、自分の友だちをここに連れてきて、お絵かきをしたり、陶芸をしたり、紙をマーブル染めしたり、モザイクやカイトを作ったり、ビーズで遊んだりしています。

Installé au rez-de-chaussée, ce petit atelier est la respiration de la maison.
Nos enfants et leurs amis peuvent venir y dessiner, peindre , faire de la céramique, fabriquer du papier marbré, réaliser une mosaïque, fabriquer un cerf-volant ou enfiler des perles…

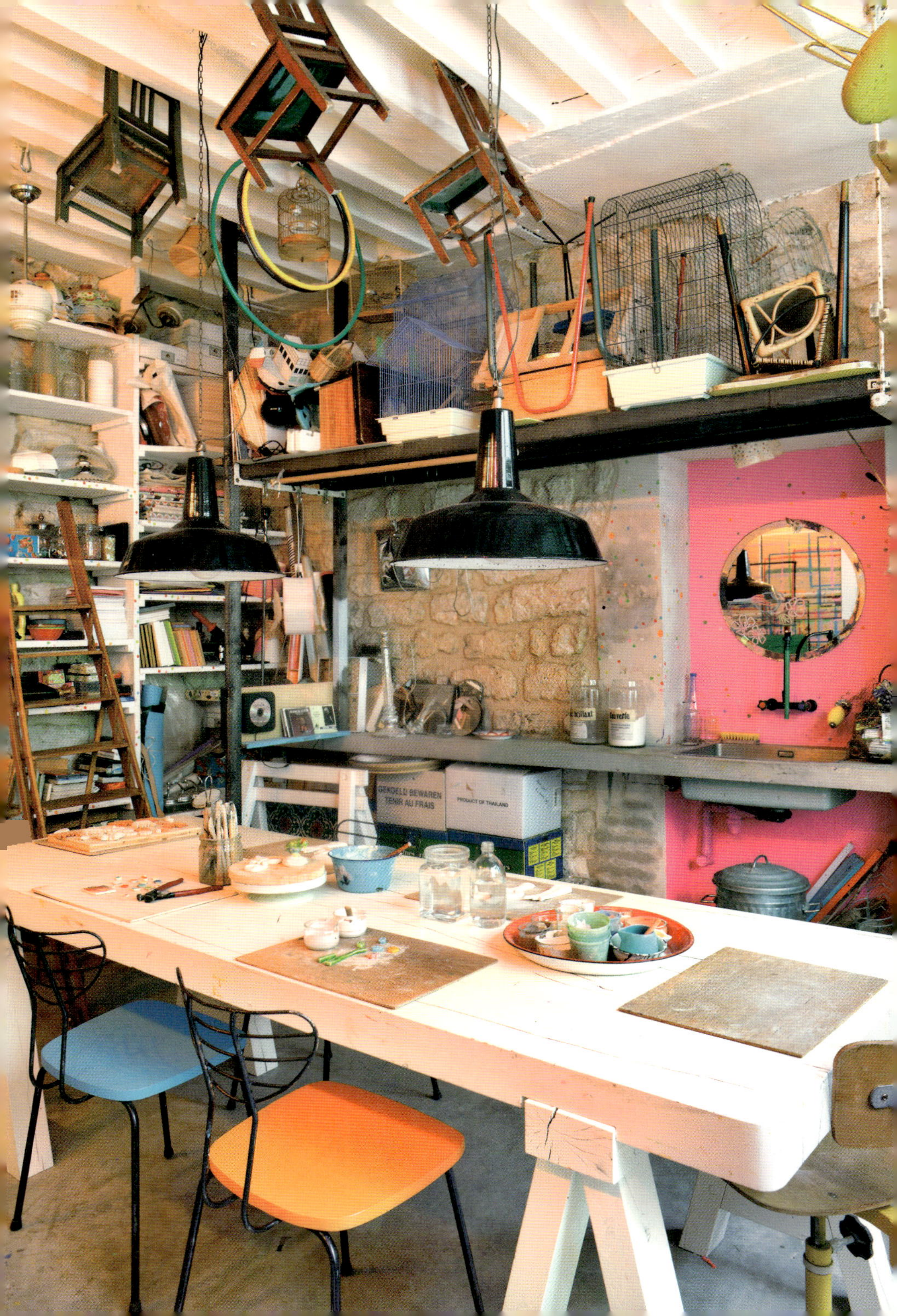
GEKOELD BEWAREN
TENIR AU FRAIS
PRODUCT OF THAILAND

Pan y a installé un coin pour ses outils et ses bocaux remplis de chevilles à ressort, de vis papillons, de boulons à tête fraisée, d'écrous indésserrables, de clous de tapissier …
パンは自分の道具や、ピン、ねじ、ボルト、ナット、くぎなどの金具を入れたボトルを並べたコーナーを作りました。

Depuis toujours, les lampes industrielles me tiennent compagnie et veillent sur mon travail.
ずっと前から、工業用ランプを愛用していて、私のクリエーションをいつも見守ってくれています。

Les boutiques Petit Pan

プチパンのブティック

プチパンのお店を作るために、学校で使われていたテーブルや、ヒストリーのあるオブジェを集めることにしました。
なんでもない1日をお祝いの日のように変えてくれる、明るい色が私たちは大好きです。
店内では、子どものため、大人のため、住まいのためのものが見つかるほか、すべてのプチパンのテキスタイルが計り売りされています。

Pour aménager nos boutiques, nous aimons récupérer des tables d'école et des objets qui ont déjà une histoire.
Nous aimons les couleurs vives ; elles transforment chaque jour du quotidien en un jour de fête.
Vous y trouverez des modèles pour les enfants, pour les adultes, pour la maison ainsi que toute la gamme des tissus Petit Pan vendue au mètre.

Petit Pan St Paul Bébé & Enfant
39, rue François Miron 75004 Paris

Chez Petit Pan, le monde des bébés est doux, gai, pétillant, adorable, confortable et facile à vivre.
プチパンでは、やわらかくて、楽しくて、キラキラしていて、愛くるしくて、心地よくて、使いやすい、そんな赤ちゃんの世界を提案しています。

Des petits meubles en bambou s'invitent partout dans la maison et s'harmonisent à tous les styles.
バンブー素材の小さな家具は、家の中のどこにでも受け入れられて、すべてのスタイルに調和します。

Petit Pan St Paul Maison & Déco 37, rue François Miron 75004 Paris

Une chemise à grandes fleurs, des guirlandes de fête, un lampion en forme de tour Eiffel, des mobiles diaphanes et des motifs pour habiller la maison du sol au plafond, voilà un joli concentré de l'esprit Petit Pan !

大きな花柄のシャツに、パーティガーランド、エッフェル塔型のランプシェード、透明感のあるモビール、天井から床まで家中を飾り付けることができるモチーフなど、プチパンのエスプリたっぷりで素敵でしょう。

Mercerie Petit Pan

メルスリー・プチパン

モビールやランプなど、竹を素材にしたプチパンのクリエーションは、中国凧の伝統的なテクニックを取り入れています。私の描いた絵をもとに、とても繊細な作業から生まれています。

竹をとても細い棒状の竹ひごにするために、まず最初に長いままカットします。それから、竹ひごをあたためて、花びらや、つばさ、雲のカーブを形作ります。この小さな竹ひごは、糸でとても正確に小さな結び目でつなげられていきます。骨組みができあがったら、半透明のシルクでおおい、インクで色をつけて仕上げます。

Les créations en bambou de Petit Pan comme les mobiles et les lampions reprennent la technique traditionnelle des cerfs-volants.
Ils sont fabriqués à partir de mes dessins et requièrent un travail d'une extrême délicatesse.
Le bambou est d'abord coupé dans sa longueur afin d'obtenir des baguettes très fines. Ensuite on les chauffe pour leur donner la forme d'un pétale, d'une aile ou de la courbe d'un nuage…
Ces petites tiges en bambou sont reliées entre elles par des petits nœuds en ficelle très précis. Quand la structure est terminée, on la recouvre de soie translucide et on la peint délicatement avec des encres colorées.

Petit Pan St Paul Mercerie
76, rue François Miron
75004 Paris

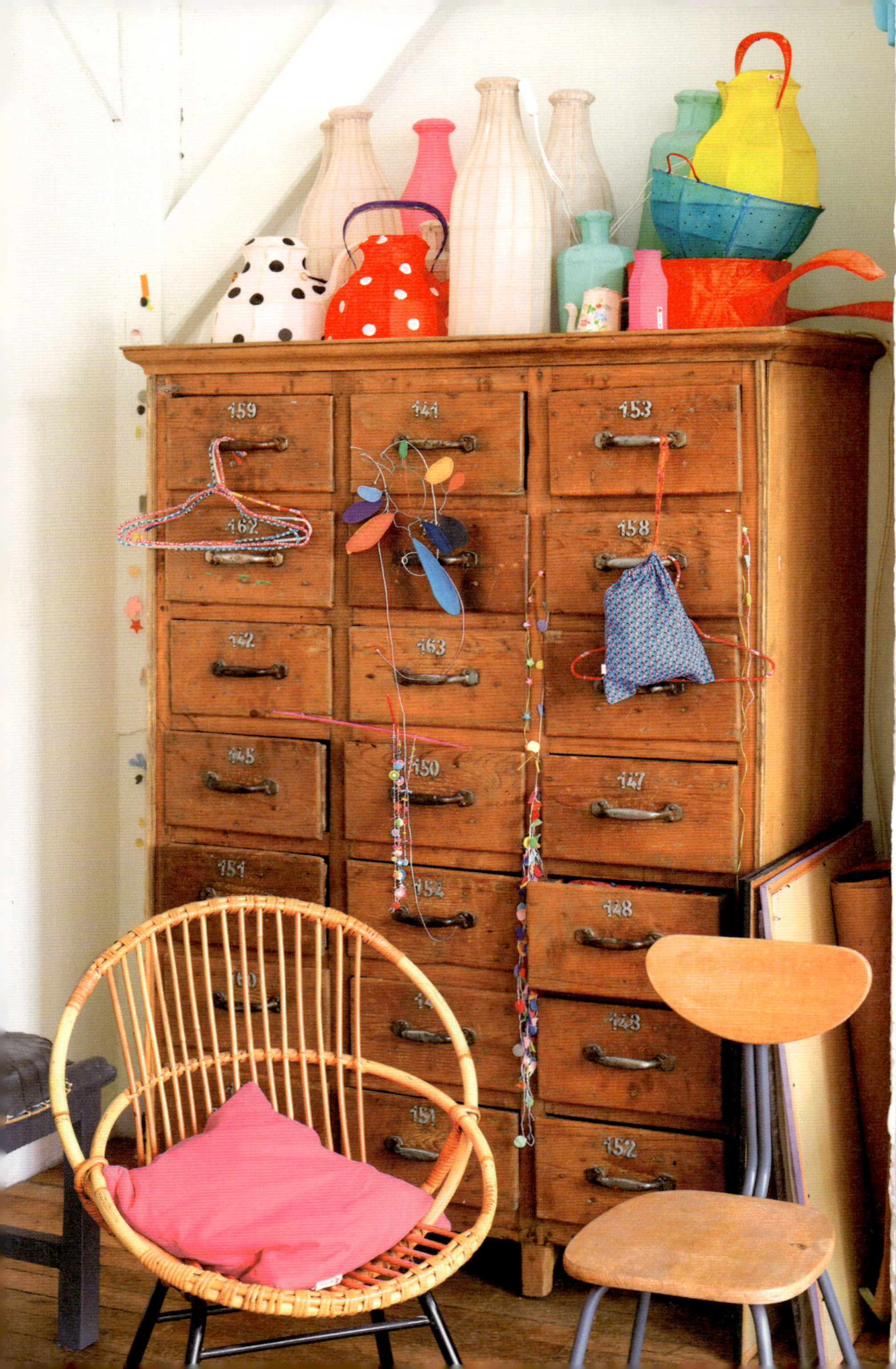
159
141
153
162
158
142
163
145
150
147
151
154
148
148
151
152

Atelier

アトリエ

ここで、私はテキスタイルのモチーフや新しい形を作り出します。まずアイデアブックをいっぱいに埋めつくします。その中には、すぐに役立つアイデアもあれば、またいつか役立つ出発点も……。

私は業務用の家具が好きです。これは、フィレンツェのアンティーク屋さんで見つけたもので、郵便局の仕分け用棚でした。引っ越しのたびにずっと一緒です。

C'est là que je crée les motifs de mes tissus et que j'invente de nouvelles formes. Je remplis des carnets d'idées et de points de départ qui me serviront un jour ou l'autre…

J'ai une fascination pour les meubles de métier. Celui-ci, je l'ai trouvé chez un brocanteur florentin. C'est un ancien meuble de tri postal. Il m'a suivi dans tous mes déménagements.

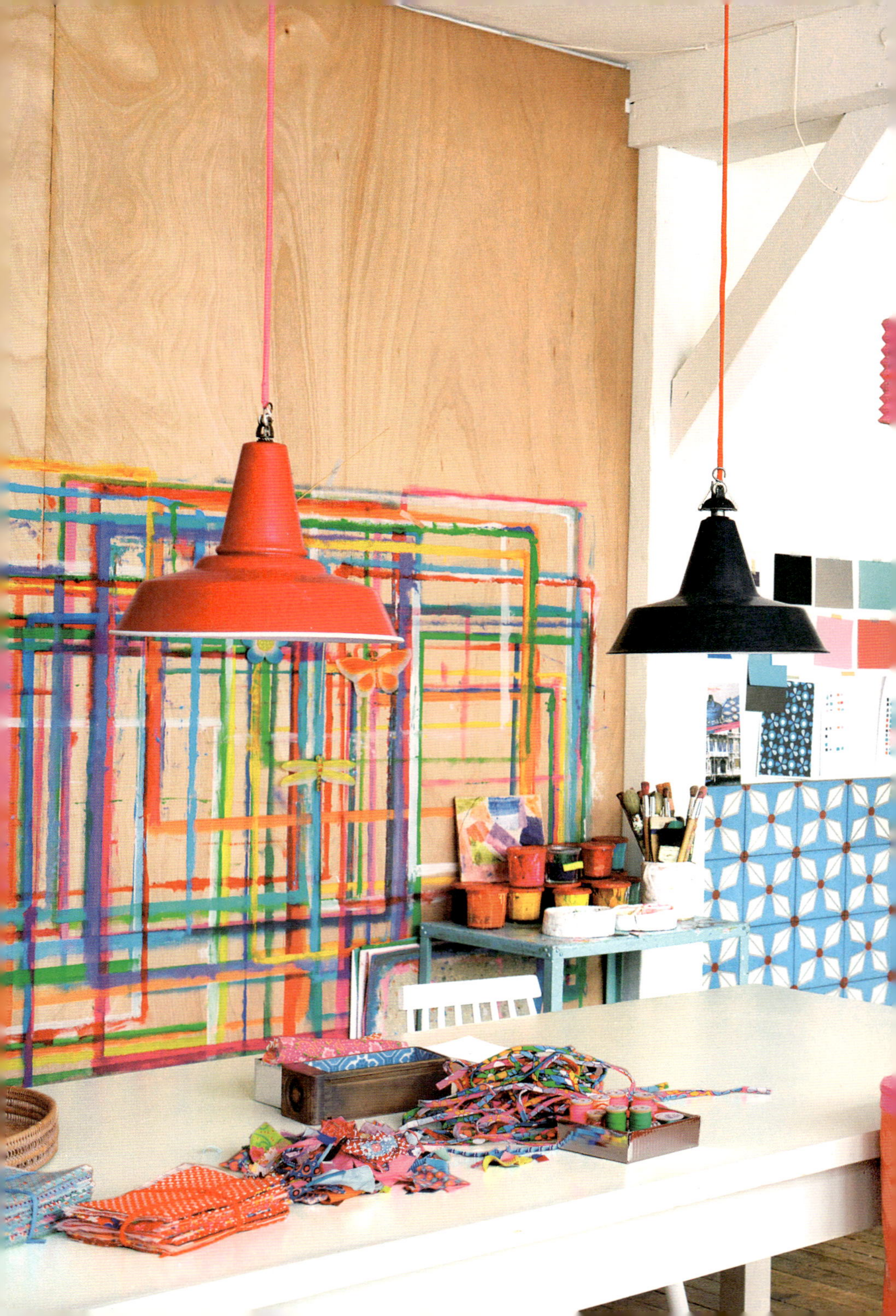

Mon atelier est nomade et changeant.
私のアトリエは、いつでも移動や変化があります。

> J'aime!
> これいいね!

Accrochage au Plafond
天井に吊るそう

天井を使ってみて！そこは思いがけない収納スペースになる可能性があって、ときには素敵なデコレーションになるのです。プチパンのショップやアトリエでは、天井はいろいろなものでいっぱい！とても大きな竹製のリングやスチールのフックに、制作中の雲のランプ、試作中のピンクのゾウ、鳥かごや三輪車のコレクションなど、さまざまなものたちを吊り下げられます。

Utilisez vos plafonds ! Ils offrent un potentiel de stockage inattendu et le résultat s'avère parfois très décoratif. Dans les boutiques et les ateliers Petit Pan, nous avons squatté tous les plafonds ! D'immenses cerceaux en bambou ou des crochets en acier accueillent toutes sortes d'hôtes : un lampion nuage en cours de fabrication, un trophée éléphant rose à l'étude, des cages à oiseaux ou encore une collection de tricycles.

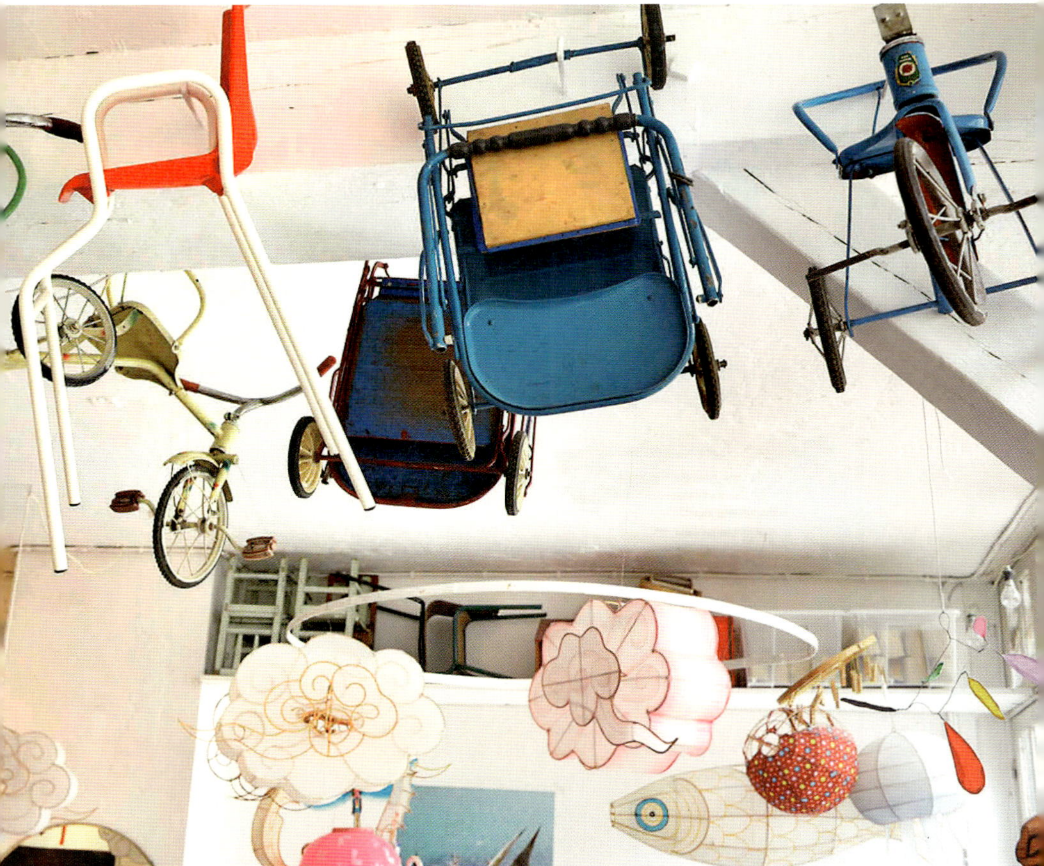

Ces lampions prototypes recouverts d'un léger lavis blanc et rehaussés de fines rayures multicolores attendent patiemment le moment de la validation dans les coulisses de l'atelier.
マルチカラーの細いストライプにした洗いざらしの白い生地でおおわれた、この試作品のランタンは、アトリエのすみっこでがまん強く出番を待っています。

Dans l'atelier règne un joyeux méli-mélo propice à l'inspiration…
インスピレーションソースになる、ハッピーなお気に入りたちがアトリエに並んでいます。

C'est un vrai plaisir gourmand d'ouvrir les colis des nouveaux échantillons de carreaux en ciment, puis de les étaler en de grands tapis multicolores...
セメントタイルの新しいサンプルの箱を開けるのは、本当にしあわせ。広げていくと、大きなマルチカラーのカーペットになります。

À bientôt !
また会いましょう！

Voici Charlie, le nouveau compagnon de la famille.
Maintenant nous sommes 6 !
家族の新しい仲間、チャーリーです。これで、私たちは6人
家族になりました！

Merci beaucoup!

Petit Pan

www.petitpan.com

Myriam De Loor et Pan Gang

Emile, Théo et Pablo

toute l'équipe du livre

édition PAUMES

Photographe : Hisashi Tokuyoshi
Design : Kei Yamazaki, Megumi Mori
Illustrations : Kei Yamazaki
Traduction : Fumie Shimoji
Conseillère de la rédaction : Fumie Shimoji
Éditeur : Coco Tashima
Responsable commerciale : Rie Sakai
Responsable commerciale Japon : Tomoko Osada
Art direction : Hisashi Tokuyoshi

Contact : info@paumes.com   www.paumes.com

Impression : Makoto Printing System
Distribution : Shufunotomosha

édition PAUMES　ジュウ・ドゥ・ポウム

ジュウ・ドゥ・ポウムは、フランスをはじめ海外のアーティストたちの日本での活動をプロデュースするエージェントとしてスタートしました。
魅力的なアーティストたちのことを、より広く知ってもらいたいという思いから、クリエーションシリーズ、ガイドシリーズといった数多くの書籍を手がけています。近著には「パリのティーンガール」「パリのおうちネコ」などがあります。ジュウ・ドゥ・ポウムの詳しい情報は、**www.paumes.com**をご覧ください。

また、アーティストの作品に直接触れてもらうスペースとして生まれた「ギャラリー・ドゥー・ディマンシュ」は、インテリア雑貨や絵本、アクセサリーなど、アーティストの作品をセレクトしたギャラリーショップ。ギャラリースペースで行われる展示会も、さまざまなアーティストとの出会いの場として好評です。ショップの情報は、**www.2dimanche.com**をご覧ください。

Petit Pan, La couleur en liberté
パリのプチパンのカラフルな暮らし

2014 年 6 月 30 日　初版第　1 刷発行

著者：ジュウ・ドゥ・ポゥム

発行人：德吉 久、下地 文恵
発行所：有限会社ジュウ・ドゥ・ポゥム
　　　　〒150-0001 東京都渋谷区神宮前 3-5-6
　　　　編集部 TEL / 03-5413-5541
　　　　www.paumes.com

発売元：株式会社 主婦の友社
　　　　〒101-8911 東京都千代田区神田駿河台 2-9
　　　　販売部 TEL / 03-5280-7551

印刷製本：マコト印刷株式会社

Photos © Hisashi Tokuyoshi
© édition PAUMES 2014 Printed in Japan
ISBN978-4-07-296294-7

Ⓡ <日本複写権センター委託出版物>
本書 (誌) を無断で複写複製 (電子化を含む) することは、著作権法上の例外
を除き、禁じられています。本書 (誌) をコピーされる場合は、事前に日本
複写権センター (JRRC) の許諾を受けてください。
また本書を代行業者等の第三者に依頼してスキャンやデジタル化すること
は、たとえ個人や家庭での利用であっても、一切認められておりません。
日本複写権センター (JRRC)
http://www.jrrc.or.jp　eメール : info@jrrc.or.jp　電話 : 03-3401-2382

＊乱丁本、落丁本はおとりかえします。お買い求めの書店か、
　主婦の友社 販売部 03-5280-7551 にご連絡下さい。
＊記事内容に関する場合はジュウ・ドゥ・ポゥム 03-5413-5541 まで。
＊主婦の友社発売の書籍・ムックのご注文はお近くの書店か、
　コールセンター 0120 916 892 まで。主婦の友社ホームページ
　http://www.shufunotomo.co.jp/ からもお申込できます。

ジュウ・ドゥ・ポゥムのクリエーションシリーズ

おうちを楽しくデコするアイデアソースがいっぱい
Paris Deco Ideas
パリ デコ・アイデアブック

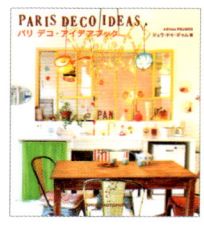

著者：ジュウ・ドゥ・ポゥム
ISBNコード：978-4-07-283452-7
判型：A5変型・本文128ページ・オールカラー
本体価格：1,800円（税別）

インテリアとパーティの手づくりアイデアがたくさん
Be Creative with Famille Summerbelle
ファミーユ・サマーベルの パリの暮らしと手づくりと

著者：ジュウ・ドゥ・ポゥム
ISBNコード：978-4-07-285103-6
判型：A5変型・本文128ページ・オールカラー
本体価格：1,800円（税別）

プチバン家も登場！アーティスト家族のインテリア
Paris Family Style
パリのファミリースタイル

著者：ジュウ・ドゥ・ポゥム
ISBNコード：978-4-07-271555-0
判型：A5・本文128ページ・オールカラー
本体価格：1,800円（税別）

訪ねてみたい！素敵なパリのブティック50店
Kawaii Stores Paris
パリの雑貨屋さん

著者：ジュウ・ドゥ・ポゥム
ISBNコード：978-4-07-280732-3
判型：A5・本文128ページ・オールカラー
本体価格：1,800円（税別）

イザベルさんの整理整とん術で、かわいいお部屋に
Les Jolis Rangements d'Une Parisienne
パリジェンヌの楽しいおかたづけ

著者：イザベル・ボワノ
ISBNコード：978-4-07-289911-3
判型：A5変型・本文96ページ・オールカラー
本体価格：1,500円（税別）

イラストでつづる、眺めて楽しいパリガイド
Les Adresses Parisiennes d'Une Parisienne
パリジェンヌのお散歩パリ案内

著者：イザベル・ボワノ
ISBNコード：978-4-07-296288-6
判型：A5変型・本文80ページ
本体価格：1,450円（税別）

www.paumes.com

ご注文はお近くの書店、または主婦の友社コールセンター（0120 916 892）まで。
主婦の友社ホームページ（http://www.shufunotomo.co.jp/）からもお申込できます。